JN410087

안경을 흘리다

국립중앙도서관 출판예정도서목록(CIP)

안경을 흘리다 : 권혁재 시집 / 지은이: 권혁재. -- 대전 :
지혜 : 애지, 2018
p. ; cm. -- (J.H classic ; 021)

ISBN 979-11-5728-279-1 03810 : ₩10000

한국 현대시[韓國現代詩]

811.7-KDC6
895.715-DDC23 CIP2018016898

J.H CLASSIC 021

안경을 흘리다

권혁재

지혜

시인의 말

당신은 여기에 오지 않았다.
나도 여기에 오지 않았다.
어떤 의미가 조금은 될 것 같은
잠시 스쳐가는 눈빛만 주고받았다.
그리고 거센 비바람 때문에
불면으로 밤을 새웠다.
당신과 내가 여기에 오지 않았는데
게스트 하우스 안에서는
사람냄새가 났다.
아주 오래전부터 익숙한 냄새였다.

이 시집을 200만 이주노동자들에게 바친다.

2018년
권혁재

차례

1부

2부

3부

• 일러두기
한 연이 첫 번째 행에서 시작될 때는 > 로 표시합니다.

1부

흐엉 1

가뜩이나
작은 체구의 흐엉이
유골 상자에 담겨
더 가벼워졌다

오래 견딘 중독증에서
수은처럼 차가운 죽음이,

납빛 살갗을 태우고
세 시간 만에
투명인간이 되었다

세 시간이면 갈 수 있는
야자수 빽빽한 흐엉의 외딴 집

긴 잠결에
유언도 없이
깃털 같은 발걸음으로
흐엉이 떠나갔다.

흐엉 2

어머니,
칠년 만에 친정집에 갑니다
한국말이 어려워
한국 사람이 무서워
몇 번의 눈물로 닦은 고향 하늘
오늘은 어쩐지
몸이 붕붕 떠올라
소지燒紙처럼 고향 하늘로 날아갑니다
멀리 코코넛나무 밑
물소 떼들이 무논을 건너갑니다
집이 가까워졌는지
바나나잎 마른냄새도 납니다
어머니가 단 한 번도 하지 않았던
친정 다녀오라는 말씀
칠년 만에 유골로 돌아갑니다
타지 않은 뼈가 있는지
명치끝이 아직도 답답합니다
어머니,

풍등風燈 1

얼마를 더 보내야
내가 돌아 갈 수 있을까요
돈을 보낸 지 이레 만에
보채는 아버지의 건조한 목소리
가게에 딸린 대기실에서 쪽잠을 자다
잠결에 불려나가는 짧은 순간이
짜뚜짝 마켓*을 걷는 듯해요
늘 잠이 모자라 어떤 때는
차라리 단속에 걸려 돌아가는 비행기 속에서
마음 편하게 자는 꿈을 꾸기도 해요
어제는 근처 가게에서 일하던 아가씨들이
단속에 걸려 짐을 싸서
출국대기중이라는 소문이 돌았어요
나도 얼마를 더 버틸 수 있을지
그 바닥을 알 수 없어요
언제 쓰러질 줄 모르는 내 몸이
점점 약해지는지
손목이 자꾸 아파와요
돈을 부치는 날이 생리처럼 다가오고
바람이 부는 날에는

몸이 먼저 둥둥 떠올라요
얼마를 더 보내야
내가 다시 돌아갈 수 있을까요.

* 짜뚜짝 마켓 : 방콕에 있는 시장이름.

풍등風燈 2

주차타워 마지막 작업 날에
창 씨가 지하 바닥으로 추락했다

대련에서 아내와 어린 아들이 보낸
돈 많이 벌어오라는 막막한 인사가
황해를 건너 서해 변두리쯤에서
낮달보다도 일찍 뜨는 별이 되기도 하였다는데,

어둠 속으로 올라갈수록
깊은 해구로 빠져 들어가는 듯
앞길을 예측할 수 없게
지나쳐 온 길마저 다 지워버려
끊어진 길만 남았다는데,

아내와 어린 아들이 보낸 편지에
체불된 임금처럼 쌓인 창 씨의 답신들

주차 타워 마지막 작업 날에
한족인 창 씨가 지하바닥으로
유언같이 재만 남긴 채 추락했다.

치앙마이의 달

내일이 송끄란*인데
파차라판,
올해도 너는 오질 않네
달이 부엌 쪽문으로 드나들며
네가 좋아하는 쏨땀을 만드네
내일이면 송끄란인데
바닥을 닦고 마당을 쓰는
너의 여전한 모습이
골목어귀에 늘어선
검은 나무의 그림자로 서 있네
쏨땀을 만들 때마다
한국이라는 나라에서 들려오는
배고픈 너의 목소리
일 년만 버티다 돌아온다고
안심시킨 너의 말은 이 년을 넘어
다시 새로운 송끄란 해를 맞네
근심이 휑하니 들어앉은 자리에
희미하게 뜬 보름달이
울고 있는 집을 가려주고 있네
달도 우는지 점차 한국 쪽으로 기울며

어머니처럼 작아지네.

* 송끄란 : 새해의 복을 빌어주는 태국 전통 축제.

파이어 하우스

햄버거 패티를 구울 때마다
당신 살 타는 냄새가 나요
가게를 자욱하게 채운 연기가
불이 났던 컨테이너 박스 안에서도
가득 들어찼겠지요
패티가 익어 튀는 소리에
낭신의 단말마 같은 비명을 덮으며
벗겨지는 살점……들,
스쿰빗 소이 13 변두리에
죽음의 대가로 문을 연 파이어 하우스
컨테이너 한 칸의 무덤으로 돌아와
햄버거 패티를 굽는 촘싸이
오늘도 살 타는 연기가 자욱해요.

귀향 1

비행기에 탑승하고부터
나오기 시작한 한숨은
스리랑카공항에 착륙하고도
여전히 멈추지 않았다
아직도 지독한 화기火氣가 남아있는지
폐 속에서 뜨거운 공기가 빠져나왔다
입국심사를 하기 위해 여권을 펼쳐든
문드러진 여덟 손가락
두 엄지마저 한국에 묻고 온 시레세나
다시 자라날 것만 같은 손가락이
아내를 피해 더 오그라들었다
아내의 눈물자국마다 드러나는
굳은 용암 같은 시레세나의 화상들
손을 잡으면서도 기막혀 하는 아내가
불이 난 새벽에 달려온 구급차 소리로 울었다
자야와르의 시골집까지 걸어가면서
아내는 한 마디도 하지 않았다
눈에 익은 길인데도 몇 번이나 발을 헛디뎠다
참으로 어둡고 긴 밤길이었다.

귀향 2

불법체류자 검문에 걸려
바탐*으로 송환된 날
공항터미널에서 밤이 되길 기다려
어둠으로 위장하여 시골집에
숨어든 깁시
누구네 딸내미는 한국에서 번 돈으로
헤어살롱을 차렸다니
또는 국수집을 냈다는 소문이
건너 마을에서 개 짖는 소리로
차츰 번져와 떠돌았다
돈을 잃고 몸도 빼앗긴 깁시의 아픔같이
배가 점점 부풀어 올랐다
브로커들이 정산하지 못한
깁시의 빚을 받으러왔다가
산달만 확인하고 돌아갔다
소문처럼 낳은 코리안 베이비에
빚만 진 깁시의 코리안 드림.

* 바탐 : 인도네시아 소도시.

소금쟁이

물만 바꿔도 다리가 편하고
촉감 자체가 죄다 자유라는 것을
남한사회에 정착하면서 알았지
소금이 없어도
때때로 근본 때문에 눈물을 흘리며
짐승의 본능같이 털갈이를 하듯
물갈이를 하고나서도
매일이 불안한 거대한 물살들
서로의 얼굴을 쳐다보다
기계가 돌아가는 소음 속에서도
낯빛을 읽는 눈치만 늘었지
일용직으로, 시급 알바로도
자본사회의 물 위에서
꼭 엉겨 피붙이를 만들고 싶었으나
시간이 갈수록 발바닥의 부력은
물에 뜬 기름으로 밖으로만 겉돌았지
물의 세계로 들어갈 수 없도록
경계 밖으로 밀어내는 표면장력
단 한 방울의 기름으로도
물의 세계를 뚫지 못한

가인, 해진, 서현이가 다시 짐을 꾸려
거처를 알 수 없는 물 밖으로 떠나갔지.

워킹 홀리데이

호주에서 홀리데이를 보내고
돌아오는 비행기 안에서 워킹 홀리데이를 마친
자카렌다빛을 띄는 여학생을 만났다
홀리데이와 홀리데이 사이에
워킹이 들어와 바늘로 쑤셔대는 따가움
유칼립투스 그늘 아래를 거닐던 홀리데이와
땡볕에 서서 딸기를 따던 워킹 홀리데이가
서로 다른 화음으로 스콜피온스의 홀리데이를 불렀다
홀리데이 가사가 나올 때마다
딸기물이 든 여학생의 손가락에서
새콤달콤한 딸기향이 풍겨 나오는 듯했다
잠을 자는 여학생의 편한 얼굴에서
홀리데이가 홀리데이로 보일 무렵에
나의 워킹 홀리데이가 불면으로 다가왔다
여학생의 워킹 홀리데이와 나의 홀리데이가
막교대를 하는 비행기편
홀리데이는 언제나 워킹 후에 있었다.

신례원*

어쩐지 신뢰가 갈만한 이름일 것 같아
나직이 불러보는 거다
짧은 그림자가 숨어든
좁다란 골목 속으로
사과나무에서 불어온 바람이
첫사랑처럼 화끈거리는 거리
사주단자를 받아든 사과꽃들이
어쩐지 믿음이 갈만한 몸짓으로
팔랑팔랑 나부껴 오는 거다
신행 가는 처자의 꽃신에
붉은 사과가 눈물을 뚝뚝
흘리며 젖어오는 거다
어쩐지 낯이 익은 것 같아
자꾸 뒤돌아보게 하는 사람들
소지품을 챙길수록
무언가 흘린 듯이 두리번거리며
교차로에서 하냥 서성이고 싶은 거다.

* 신례원 : 예산군에 소재하는 지명.

키아마*의 고래

바다 한 덩어리가 식도에 걸렸다
파도가 더 거친 파도에 업혀
터널 같은 붉은 구멍을 뚫고 올라왔다
좌초된 포경선에서 선원들이 부르는
슬픈 노래에 바람이 장단을 맞추며
등대를 돌아나가는 키아마
범선이 뜨고 돛이 올라도
길을 잃은 고래들은 돌아오지 않았다
덫에 걸린 고래의 거대한 지느러미가
바다를 퍼렇게 때리는 그림자만 있을 뿐,
울음소리는 여전히 들리지 않았다
가쁜 숨을 내쉬며 다시 뭉친 파도들이
해풍을 타고 질주하는 블로우 홀
심해에서도 감출 수 없는 눈빛까지 데려와
묻는 안부에 떳떳한 대답을 하듯
숨통처럼 터지는 짧은 고해성사
고래의 숨소리에서 눈물냄새가 났다.

* 키아마 : 호주 시드니에 있는 지명.

보령여자

갈매못에서 고해성사를 하는 틈에
바다냄새가 나는 당신을 놓쳐 버렸다

웅천까지 순례자의 걸음으로 좇아가
빈 커피 잔처럼 흔들리며
당신 계신 곳을 수소문하다

십자가가 녹슨 교회당 벽으로
당신이 가신 흔적인 듯
많은 길을 만든 담쟁이줄기

기도가 한 뼘씩 자라
하늘 모퉁이에서 드러날 때마다
깎인 돌먼지로 내려앉아
검게 덮인 당신의 비문을 비췄다

보령석 같이 단단한 당신에게서
오래도록 기다린 태초의 말씀을
주산면 사거리에서 새겨들었다.

청진여자

잘 지워지지 않는
아이라인을 그린 여자가 있다
맑은 눈을 깜박일 때마다
굵어졌다 가늘었다하는 아이라인
눈동자를 통해 펼쳐지는
북방으로 향한 길들은
바리케이드에 막혀
잘못 그려진 아이라인처럼 삐뚤다
두고 온 어머니의 눈썹을 닮은 여자
아이라인을 그리는 손짓이
어머니를 부르는 듯
북방 쪽으로 치우쳐 간다
초승달이 어머니의 눈썹으로 떠있는
적요만 가득한 새벽 밤하늘
안부를 들을 수 없는 소식에
아이라인을 지우지 못한 채
새우잠을 자는 눈썹 고운
여자가 있다.

복무원 동무

조선족 어머니를 따라
한국으로 온 스무 살 용배씨
새아버지의 주선으로
마트에 복무한 첫 날
연변사투리에 익은 귓가로
새처럼 날아온 비슷한 사투리가
북녘의 바람인 듯 와 닿는다
한 순간 맞춘 눈동자 너머로
두고 온 산등성이가 아득하게
떠오르는 마트의 진열대
거기도 복무원입네까
내도 복무원이요
주고받는 복무원 사이로
읽을 수 없는 바코드가
전송되어 가는 듯
허공에 뜬 시간들이
연변사투리에 감전되어
하얗게 죽어가는 마트 안
여기도 복무원 있시유.

타이 누들 하우스에서

포승읍 공단에
포위를 당한 타이 누들 하우스
공휴일 특근을 마치고 나온
파차랏판,
끊어진 국수가닥으로
혼자
떨어져 앉아 있다
심란한 기계소리를 잊고
어지러운 기름 냄새를 잊고
엄마처럼
마주한 꾸어이 띠어우* 한 그릇
아직 퇴근하지 못한 발걸음들이
긴 그림자를 늘어트리고
식당 문턱을 넘나든다
젓가락에 집히는 국수가닥이
파차랏판의 불은 가슴인 듯
울컥, 울컥 미끄러져 내린다
공단의 높은 굴뚝 위로지나가는 비행기가
울음의 파동을 타며
엄마의 안부를 전해주는
타이 누들 하우스.

* 꾸어이 띠어우 : 태국의 국수로 된 음식의 한 종류.

물끄러미

글썽이던 눈물이
작별을 알리는 듯 주르륵 떨어진다

실밥을 풀고 와
두 마디 짧아진 손가락을 보며

웅숭깊은 연못 속으로
떠내려가는 그녀

연변에 두고 온 작은 아이
어린 새로 날아와서

목이 쉬도록 운다
집에 가자고 보채며 운다

얼굴을 들기 어려운 잠깐 사이에
희뿌연 것이

병실바닥에 떨어져
번지는 눈물처럼

>

어둡고 차가워서
이 순간 누가,

버릇없이 눈동자를 돌려
장엄한 응시를 흔들 것인가

북방으로 날아가는
어미 새의 눈자위가 그렁, 그렁하다.

하노이의 순대 국밥집

주머니를 털어 꺼낸
뚜이의 구겨진 삼만 동
착한 한국 사장님,
국밥 한 그릇 주세요
겁먹은 표정으로 말하는
뚜이의 목소리에서
물소의 울음소리가 들린다
애야, 육만 동이 더 있어야
국밥 한 그릇 값이 된단다
착한 사장님, 그래도
국밥 한 그릇만 주세요
돈 벌러 한국 갔다
프레스에 손목이 잘리고
돌아온 아버지가
저래도 한국, 음식이 좋은지
순대국밥을 찾아요
순댓국을 먹으면 아버지의 손목이
한국을 용서해 준만큼
어쩌면 조금씩 돋아날지도 몰라요
착한 사장님, 여북하면 아버지가

손목을 자른 한국을 잊지 못하고
순댓국이 먹고 싶다 하겠어요
뚜이의 애틋한 눈망울 속으로
순댓국물이 펄펄 끓으며
어룽거리는 하노이의 순대 국밥집.

수난이대

나의 아버지는 한국군인
전쟁이 끝나고 아버지가 떠나가면서
엄마에게 정표로 남긴 유복자
호이안에서 풍등처럼 떠돌다
근본을 알 수 없는
먼 혈육으로 가 닿은 하노이
아버지가 어머니를 버리고 갔듯이
남편도 나를 버리고 간 날,
내 발걸음은 한국 사람이 많이 온다는
마사지 가게에서
본 적도 없는 아버지의 얼굴을
빤히 쳐다본다

나의 남편은 한국사람
결혼 이 년 만에
이길 수 없는 남편의 주사에
피신 아닌 피신으로 돌아온 베트남
술주정으로 뱉어낸 남편의 불륜이
자궁에서 날마다 커지며 꿈틀 거린다
태어날 아기의 옷가지 준비를 위해

마사지 일을 하는 엄마의 주선으로
일자리를 알아보다가
언뜻, 티눈처럼 밟히는
할아버지의 얼굴을 빤히 본다.

율리아는 없다

자리가 나면
또 한 팀이 들어와요
물 한 잔 할 틈도 없이
식탁을 치우고
바삐 나오느라 개지 못한 빨래처럼
방석을 차곡히 쌓아요
밀려들었다 밀려나가는
거듭된 서빙의 시간
율리아는 없어요
떨어진 남편 약을 지으러 가야하는데
하필 오늘은 어제보다 더 바빠요
이를 물고 음식 쟁반을 날라도
팔다리가 후들거리며
입술이 자꾸 메말라 와요
잠시 한가한 틈을 이용해
초등학생 딸에게 전화를 해도
엄마만 있고 율리아는 없어요
언제든 갈 수 있을 것 같은 하바로브스키
율리아는 이제 없어요.

불심검문

멀리서 다가오는
당신을 피해가다

길바닥에 떨어진
꽃잎을 밟았습니다

당신의 미소 같은
포근한 꽃무더기들이

길목을 막으며
길 값을 달라고 했습니다

당신을 본
꽃값을 달라고 했습니다.

농카이에서 오다

어디서 왔냐고 물어봤다
당황한 낯빛에
주위를 경계하며
그녀의 푸른 입술로부터
떨어져 내리는 농카이
유 노 농카이?
되묻는 그녀의 목소리에서
농카이에서 마셨던
맥주냄새가 시리게 올라왔다
저녁 강변 불빛에 젖어
넘실넘실 거리던 맥주
경계를 푼 그녀의 웃음이 거품처럼
하얗게 넘쳤다
온 지 석 달 된다는 그녀의 머릿결에서
맥아향기가 풍겨 나오는 듯했다
농카이 강변 둑에 늘어선 가로등같이
맥주가 최대한 오래도록
제자리에 있기를 바랐다
여전히 주저하는 몸짓으로
돌아서는 그녀의 발걸음에
농카이의 저녁 강물이 깊게 밟혔다.

파라마타*

아침햇살을 받으며
성호를 긋는 유칼립투스나무
구름에 닿은 가지가
스며드는 듯 하얗게 짙다
새벽을 내몰며 올라온 장어들이
산책로에 떨어진
주인 잃은 상처를 핥아준다
한숨 지을 때마다
와서 뱉어 놓고 가라고
파르르 떠는 강물
숨길 수 없는 낯빛으로
강가에 서면
떼로 몰려와 춤을 추는
장어들의 환청이 들린다
어머니의 품처럼 두 팔 벌린
숲길을 총총히 걸어가면
어제보다 키가 더 커진 나무가
어깨를 다독거려 주는 파라마타.

* 파라마타 : 호주 시드니권에 있는 지명.

물양귀비

물그림자에 젖어오는
저 여인은 누구인가
찌릿한 물결로 천천히
와 닿는 미끈한 손놀림
잔뿌리에서 무뚝뚝한 줄기까지
넝쿨을 감듯
맨몸으로 떠있는
저 여인은 누구인가

물의 나라에서 건너와
물의 꽃을 피우며
날마다 아찔하게 사는,
물을 닮은 여인
작은 파문에 휘청거리는
꽃 한 송이가 있다.

2부

우체국의 새 1

조롱에 갇힌
초조한 눈빛

낯선 밀림으로 날아와
더듬거리는 울음소리

울어도
돌아오는 메아리가 없다

택배용지에다 주소는
제대로 썼는지

도중에 수취인불명으로
택배상자가,

다른 낯선 밀림으로
가지는 않는지

잘 길들여진 새의 발걸음으로
동동거리다 돌아가는,

>

씨엠립 인식표가 붙은
소파트라 크림.

우체국의 새 2

어디에 앉아야 할까
눈치도 보지 않고 당당하게
캄보디아 소리로 지저귈 수 있는
나뭇가지는 어디일까

텃새들의 눈초리에
대기번호표는 더디게 오고
그 사이
천적처럼 출입국관리소 직원이
정수리를 찍을 것 같아
자꾸만 두리번거리는
이곳은 어디일까

새장 같은 택배상자에
눈이 나쁜 어머니가 잘 읽을 수 있게
주소를 크게 써 넣고
야근을 위해 늦은 잠을 자러가는
작은 철새,
또 어디에 앉아야 할까.

눈물이 떠나갔다

탄부들이 고래 폐 속을 떠돌다왔는지
먹빛 바다냄새가 났다
폐광을 알리는 동그라미 친 날짜 밑에
앞날이 걱정된다고 누군가가 써놓은
삐뚤삐뚤한 글씨체
조합사무실 난로에 얹힌 늙은 주전자도
불안한 듯 입을 닫아 버렸다
커피 잔에 석탄가루를 타서 돌리던
서울옥 막내 박양은 고향으로 돌아가고
막장을 나와서 장화의 탄가루를 털며
안도의 한숨을 이제는 쉬지 않아도 되리
탄부가 캐낸 막막한 하소연들이
세화장을 메아리로 울릴 때마다
절망 같은 빛으로 흩어져 내리는 석탄먼지들
광부도 사람이라는 절박한 외침이
막장에서 갱도를 타고 올라와
착암기소리로 저탄더미를 쑤셔댔다.
경월소주 한 잔에 서로의 어깨를 다독이며
손에 익은 채탄 장비를 정리하는
길고 긴 침묵의 폐광 하루 전

탄내가 배인 작업복에 얼룩진 눈물이
마지막 탄차를 타고 떠나갔다
대처로 향해 떠나가는 사북의 물살들도
뒤도 돌아보지 않고 끝없이 흘러갔다
마땅히 갈 곳이 없는 주민들만 남겨둔 채
이미 타인이 된 눈물들이 까맣게 떠나갔다.

공기는 차갑다

어제 퇴임 송별식을 했던
만년 차대리
마지막 업무인 듯
책상정리를 하는 그의 손이
자꾸만 허공 모서리에 부딪친다
삼십 년 먼지 쌓인 비품들이
라면박스 한 상자로 압축된
아주 짧은 오전 한 나절
다음에 밥 한 번 먹자던
공손한 빈말들은 어디서 오는지
허허 웃는 그의 웃음조차
가리지를 못한다
애써 담담해하는 그의 낯빛에서
사무실 문턱을 넘나들었던
차가운 공기들이 보인다
물이 가장자리에서부터 얼 듯
안의 공기는 언제나 바깥공기에 의해
새로운 바람이 되기도 한다
차대리가 오늘,
새로운 공기를 맞으려고

바람 부는 쪽으로 떠난다
누군가를 떠나보내는 일은
쌓인 먼지를
적멸로 쓸어내리는 일이다.

화살 무덤

해변 위에 화살이 날아간
흔적을 좇아가다
과녁이 끝나는 지점에서
죽은 새를 보았다

그가 쏜 화살을 다 맞으며
앞으로 걸어갔을 발자국소리가
유언처럼 들려오는 성호의 백사장

해변에 어지럽게 떨어져 있는
불발의 화살들이
시위를 떠나지 못한 화살들이,

종착지를 알 수 없는 방향인 듯
제자리서 종종 걸음으로 빙빙 돌았던
그 화살들이 쌓여서 만든 무덤 속에서
새의 가냘픈 울음소리가 났다.

국화도菊花島에서 국화도菊花圖를 보다

국화도에서 국화도를 보았다
작은 아이의 마지막 학원비를 송금하고
유배를 가듯 국화도에 들어서였다
썰물 때는 갯벌 숨구멍을 타고
집에 처박힌 작은 게처럼 민박집 방에 들어앉아
시의 첫 구절을 잡느라 애를 부렸고,
밀물 때는 포구로 들락거리는 여객선에서
낯익은 그림자를 찾으러 어슬렁거렸다
한두 시간이면 섬의 일주가 끝나는
위리안치 아닌 위리안치 같은 국화도에서
나의 잡념과 상상의 공간은 민박집에서 선착장까지
왕복운동을 하면서 사소해지기 시작했다
섬 가운데 자리한 화장실의 벽에 그려진 노란 국화꽃이
지나가는 사람들을 나비처럼 불러 모았다
나이가 들수록 사는 게
식도를 역류해 목젖에 뭔가 걸린 것 같았다
국화도에서 국화도를 가만 보고 있노라면
선착장 입구 양지에 스트로폼을 깔고 앉아 추위에 떨며
비닐봉지에 담긴 굴을 파는 노파도
누군가 와서 문을 두드릴 것 같은 겨울밤도

화장실 벽에 그려진 국화의 자화상처럼 다가왔다
국화도를 다 베끼지 못한 국화도에서의 한철
도처에서 온 바람과 파도소리가
국화도의 향기를 확인하고 실없이 돌아갔다
그래도 봄은 오는지 화장실벽에 그려진 국화꽃이
꽃순을 벌려 날마다 물기가 축축하였다.

어쩌다

어쩌다 우리는
방진마스크를 두고
서로 손이 닿았을까

손님이 고르다 놓은
사정 있는 물건들이
형광불빛에 빛나며
지천으로 쌓여 있는데

어쩌다 우리는
한 번의 눈빛에 손이 닿았을까

온양 장날 잡화점에서
방진마스크를 두고 망설이는
너의 폐 속으로 분진이 내리고

손은 돈을 세어
아버지의 새로운 고깃배와
야자수 키만 한 새로운 집값으로
절단기처럼 잘라 보내야 하는데

>

반찬값과 적은 화장품값이라도
보태고 싶은 내 손이
어쩌다,
작고 거친 너의 손등에
부적같이 철썩 달라붙었을까.

나나 피신기

나나가 떠나가고 겨울비가 내렸다
의정부에서 당진으로
당진에서 아산으로
출입국관리사무소 단속을 피해
예고도 없이 내리는 스콜처럼
곳곳으로 떠돌기만 했던 나나
나나가 오늘 다시
신림동으로 떠나갔다
몇 달이나 무사히 넘길까
단속에 걸려 강제추방은
당하지 않을까하는 염려가
겨울비에 쓸리는 아스팔트바닥같이
차갑고 캄캄했다
어머니의 차 할부금을 갚고 나면
방콕 시내 변두리에 조그만
카페를 내고 싶다는 나나
여전히 단속을 피해
골방 속에서 움츠리고 잠을 자는
나나의 싸늘한 몸 위로
차층사오*에서 불어 온 열풍이

어머니의 손길처럼 스쳐갔다.

* 차층사오 : 태국에 있는 나나의 고향.

루카*가 되다

루카만 받던 자이분이
루카가 되었다
외화송금통장을 신청하면서
상담 매니저로부터
몇 차례 들은 루카라는 말
계좌번호가 나오기를 기다리는데
핸드폰 바탕화면에서
작은 아이가 축하한다고 웃는다
자이분도 답신으로
아이의 출생일을
패스워드로 꾹꾹 누른다
서너 팔 쯤 더 짧아진
볕 좋은 가을날에 다시 찾아와
외화를 송금하는 설렘에
루카만 받다 루카가 된 자이분
단 하루의 휴가만큼
루카가 되었다.

* 루카 : 손님을 뜻하는 태국어.

저비스베이*의 능소화

발꿈치를 들고
바다로 나가는 줄기들
성질 급한 바다가 먼저
파도를 보내 줄기를 적셨다
줄기와 바다가 맞닿은 수평선
낮술에 얼굴이 빨개진
사람들의 눈동자가
갈매기처럼 날아 다녔다
가끔 돌고래 우는 소리가 들려오면
먼 바다로 마중 나가는 몸짓으로
풍등같이 띄워 보내는 꽃, 꽃들
남극에서 올라온 돌고래들이
낯선 꽃향기에 눈이 멀어
되돌아가지 않는 저비스베이
파도에 휩쓸린 꽃들이
빈 배로 돌아와 몸에 묻은
바닷바람을 닦았다.

* 저비스베이 : 시드니 남부에 있는 지명.

다낭의 목마

호텔 라운지에 앉아
박차를 차면
갈퀴를 세우며 질주하는
조그만 목마를 보았다
편자에 밟힌 새벽길에서
밤의 냄새가 진하게 났다
아침이 오도록 한 번도 뱉지 못한
지친 숨소리
한 무리의 바람이 빠져나가고
새로운 바람이 들어차도
목마는 제자리서 움직이지 않았다
벗어날 수 없는 뫼비우스띠 같은
안 밖의 시간,
호텔 라운지에 끈 없이 매여 있는
조그만 목마가 있었다
누앙! 이라고 부르면 갈퀴를 세우고
달려가는 다낭의 목마.

도라지꽃

돌아가신 아버지가
밤마다 안마당에서
정을 치는 바람에

어머니는 늘
하현달을 품고
불면으로 뒤척였다

정소리가 멈춘 날
콘크리트 안마당을 뚫고
아버지의 광목 바지저고리를 닮은
꽃이 피어올랐다

정질을 얼마나 해댔는지
아버지의 얼굴이
백지장 같았다.

타인의 미로 1

빈 휠체어가 엘리베이터를 기다린다
누군가의 체온을 지우고 돌아가는
빈 것들은 가볍다
누군가의 상처를 보듬어주고
되돌아가는 빈 것들 또한 가볍다
중환자실 문턱을 넘나드는
간이침대 바퀴 구르는 소리가
길 잃은 아이의 울음처럼 울리는 복도
오래 앓아온 실연으로 한 시절을 떠나보내려는지
오래도록 움직이지 않던
휠체어의 흔적들마저 숨을 죽인다
빈 휠체어가 엘리베이터 앞에서
타인들의 식은 사랑을 기다린다
휠체어에 다른 휠체어가 다가와
어깨를 기대며 빈 것을 지운다
빈 길을 가볍게 지워버린다.

타인의 미로 2

그의 첫걸음마는
비포장도로에서 시작되었다
날린 흙먼지가 연막처럼
아득히 덮인 앞길
웅덩이에 고인 빗물이
불안한 그의 눈동자에서
잘게질게 부시져 내렸다
길을 갈수록 버거운 짐들이
그의 발걸음을 무겁게 하였다
숨고르기를 하여도
종착을 알 수 없는 노정 생각에
가슴이 더욱 답답해왔다
굽은 길을 돌아 큰 길이 보이면
이전의 길들보다 더 낯선 길들이
금속빛으로 번들거리며 다가왔다
비포장도로를 벗어나려는
그의 몸부림은
뫼비우스띠 같은 궤도에서
길 아닌 길 안에 갇혀있었다

>

스물 여섯의 나이로 죽음에 들어서
그는 미로에서 빠져나왔다
그의 마지막이자 첫걸음은
비포장도로에서만 끝이났다.

나이키처럼

돈이 이리 쉽게
잘 벌릴 줄은 몰랐다
창 맥주의 짧은 유니폼을 입고
따라주었던 맥주만큼이나
늘지 않던 돈이,
한국에 와서야
넘쳐나는 맥주거품처럼
쉽게 벌렸다

손쉽게 맞은 돈벼락에
나이키를 신고
한국 남자들의 시선을 단숨에 뺏으며
태국으로 송금을 하러 가는 길
다음에 살 아식스, 매장을 지나고
아디다스, 매장을 지나
바람들은 한국 오빠들에게
우아한 웃음을 던지는 야다 타지트
걸음걸이가 나이키하다.

올리 체류기

붕어빵을 좋아했던 올리
비 내리는 겨울저녁에
붕어빵을 먹다 불법체류자로 잡혀
본국으로 송환된 올리
먹다 반토막이 난 지느러미가
올리의 강변을 대신하는 듯
한기가 찬 방바닥에서 파다닥거린다
아버지의 빚을 갚기 전에는
일 년이고 이 년이고 돌아갈 수 없다는
아득한 말에도 출입국관리소 직원들은
먹던 붕어빵을 밟아 뭉개버린다
붕어빵을 볼 때마다 하나 먹고 싶다는
올리의 서글픈 소리에 목이 메인다
겨울저녁도 목에 잠긴다.

게스트 하우스

도착하지 않은 막내를 위해서 장작개비를 더 넣어야겠다고 바간*이 말했다. 바람이 불 때마다 유리창으로 야자수가 손을 더 밀어 넣었다. 공동으로 쓰는 거실의 탁자 위에는 주인을 잃은 듯 분홍빛 루즈가 묻은 머그잔이 남아 있었다. 비가 오기 전에는 오겠지. 타올을 정리하던 비엔티엔*이 말했다. 지나치는 차 소리에 현관문이 얼굴을 내밀 듯이 자주 달그락거렸다. 끓는 물을 호이안*이 냄비에 덜어 가스렌지에 올렸다. 모두의 마음을 눈치챘는지 물은 금세 끓어올랐다. 이제 라면을 넣어도 되지 않을까 하는 촌부리*의 말에 모두는 손사래를 치며 막내를 좀 더 기다려 보자고 하였다. 증발된 수증기가 유리창에 붙어 바깥 풍경을 차단했다. 어둠처럼 온 침묵. 모두의 바람은 끓는 물같이 비등하였지만 막내 씨엠립*은 돌아오지 않았다. 체불된 임금을 받으려고 삼 일 동안 서성거린 씨엠립의 처지같이 모두 한 식구가 되어 제자리걸음을 하였다.

* 바간 : 미얀마의 도시.
* 비엔티엔 : 라오스의 도시.
* 호이안 : 베트남의 도시.
* 촌부리 : 태국의 도시.
* 씨엠립 : 캄보디아의 도시.

간도間島 1

섬을 본다
섬과 섬 사이의 병실에 누워
바르르 떠는 섬을 본다

길림시에서 섬을 떠나온 지 두 달 만에
손가락 두 개를 절단당하고
붕대로 동여맨 섬이 된 김염화 씨

섬과 섬 사이를 오가는 것이
프레스 칼날로 번뜩거리며
손가락을 조마조마하게 했는지
길림시에 두고 온 남은 섬마저
불안, 불안하다

섬이었던 손가락을 잘린 채
이쪽 섬에서 저쪽 섬으로
끊어진 신경을 이으려는 듯
서로 손을 뻗어보는 섬들,

섬을 본다

섬을 피하려 왔다 섬이 된
섬 아닌 섬을 본다.

간도間島 2

손에 돌덩이 같은
섬 하나씩 들고 다니는
제3병동 수지접합 환자들
남자이주노동자들은 남자들끼리
여자이주노동자들은 여자들끼리
섬을 부딪치며 두고 온
섬의 안부를 묻는다
찢어지고 뭉개터진 섬들이
가슴에 언뜻언뜻
파편처럼 흩어진 꿈결로
아득하게 밀려오는 병실
프레스 돌아가는 환청이
손가락 한 마디씩 잘라놓고
비명을 덮어버리는 적막으로
싹뚝, 싹뚝 돌아다닌다
손가락을 덜컥 잘리고
눈물이 굳어서 된 섬
떨어져 나간 섬들이
섬 사이를 떠돌며
고향 뒷산 같은 섬을 쌓는
제3병동의 병실.

팽목항 풍경風磬

방파제 난간에 걸린
길 잃은 물고기떼들
몰골이 앙상하다

물고기가 된 아이들이
밀물을 좇아 돌아와
밥 달라고 고함을 지른다

배고픈 그 한 마디 소리에도
딸랑, 차가운 비늘이 떨어지듯
온몸을 뒤척이는 풍경

아이들이 우르르 몰려와
밥 달라며 입을 벌린다.

거진 다방

거진에 거진 닿을 무렵
회항하는 배들보다 달달한 커피향기가
바람을 타고와 먼저 마중을 한다
찐득한 생선 비린내의 착한 침묵이
경매 받은 함지박을 끌고 가는
늙은 어부의 뒷그림자에 젖어드는 공판장
가격을 넣는 경매사들의 손가락이
설탕과 프림을 섞는 황금비율처럼
마담도 들떠 한 잔의 커피로 낙찰 받는다
거진에서 커피를 마시기 위해서는
밤마다 몰래 나갔다 새벽까지
웅웅거리며, 떠돌아다닌 바닷바람 같은
거진 사람들의 고독한 사랑을 알아야 한다
부표처럼 끝없이 휘청거리며 걷는
선장의 발치에 길을 내주는 선착장
골목에 늘어선 고운 다방간판들도
분홍빛 웃음을 흘리며 내다본다
출항 횟수가 얼마 되지 않은 막배가
소금기와 외로움만 잔뜩 싣고 돌아와도
눈 비비고 나와 문을 여는 거진 다방.

통리재

울진에서 올라온 첫차가
선착장 비린내를 풍기며 지나갔다
태백에서 가쁘게 올라온 탄차도
석탄가루를 날리며 지나갔다
산더덕을 싣고 영월을 출발한 트럭은
식전을 피해 간신히 도착했다
바람이 밀어준 차들이 능선을 타고
가쁘게 올라와 숨을 고르며
천천히 스쳐가는 곳
도처에서 온 인심들이 사투리와 섞여
길과 길을 이어주는 곳,
시시한 산 밑의 사는 얘기일랑
동해 쪽으로 털어서 내려 보내고
골바람에 멍든 장돌뱅이의 사연만
난장에 가득 널린 통리재
불어가는 바람에게서
사람냄새가 났다.

지문

목발을 사용하면서부터
살란티의 길이 서서히 지워졌다
가뜩이나 불명확한 길들이
말끔하게 지워져버렸다
인식기에 갖다 대면
굽은 길도 환하게 펴질 것 같은
엄지의 암호 같은 열쇠가
이가 빠지고 흐릿해졌다
용역회사를 통해 공장을 전전했던
살란티의 이력을
빽빽하게 봉인하여 온 길
미등록 이주노동자 단속이 있던 날
공장 이층 기숙사에서 추락하면서
모든 길들이 정지하였다
살란티가 두 다리로 걷지 못하면서
정지한 길이 문드러지기 시작했다
지문이 닳아 없어지면서 살란티는,
확실한 미등록 이주노동자가 되었다.

3부

안경을 흘리다

밤새 사색이 되어 떠난
컨테이너박스 숙소에
티앤이 흘리고 간 보랏빛 안경
햇빛이 와 닿을 때마다
간밤에 경황없이 떠나간
티앤의 두려운 얼굴빛으로 바뀐다
밤마다 문을 두드리는 손짓과
밤마다 몸을 더듬는 손짓을
CCTV같이 녹화했을 티앤의 안경
주위를 서성거리던 바람소리에도
숙소 문을 열고 들어올 것 같아
문에 기댄 채 잠을 붙이는 티앤
소의 타액 같은 밤이 지나가고
공장식당으로 아침을 먹으러가다
다시 마주치는 손짓과 손짓들
엉덩이를 더듬은 손짓이
뱀으로 기어올라
터져 나오는 비명을 막는다
밤마다 기어드는 뱀을 피해
미처 챙기지 못하고

티앤이 흘리고 간 보랏빛 안경

마르지 않은 눈물을 흘린다.

줌 아웃

객차와 객차 사이의 통로에
널브러진 몇 개의 가방
환절기마다 땀에 절은 옷들이
답답해서 아우성을 치는지
객차가 흔들릴 때마다
덩달아 들썩거린다
낯선 곳에서 더 낯선 곳으로
배달되어가는 택배같이
객차 차가운 계단 끝에
앉아 있는 작은 상자
널브러진 가방 옆에 조용히 앉아
누구의 눈길도 끌지 못한다
시선이 언뜻, 손길에 머물다
재빠르게 얼굴을 돌리는 승객들
눈빛과 눈빛이 마주칠수록
동공에 맺혀오는 선명한 상처
객차가 덜컹거릴 때마다
프레스에 잘리는 철판소리가 나는 듯
빈 손가락들을 바라보는 야다.

부재중

진급자 공문이 나붙고
눈치 빠르게 가라앉은 사무실
올해도 물먹은 차 대리는
귀사시간이 지나도 들어오지 않는다
술을 핑계 삼아 밥이나 먹자던 전화도
통화가 되지 않는다
명퇴를 신청하였다는
지역부 판촉 담당 모 과장은
면직을 당했다는 소문이
외풍처럼 무섭게 떠돈다
면직보다는 진급 누락이 낫지 않느냐며
부재중인 차 대리의 책상 앞에서
부재중 인사를 나누는 사이, 사이로
진급자 공문처럼 떠오르는
불안한 내년도 생존 성적표
차 대리는 여전히 부재중인지
전화를 받지 않는다.

오늘도,

새벽 인력시장에서
일자리를 얻지 못하고
빈손으로 돌아서는 길
기다리는 버스마저
정체된다는 소식에
발이 더 시려온다
오늘까지 송금한다던
어머니의 수술비
체불된 돈이 들어오지 않은
통장만 자꾸 만지작거리며
갈 곳 없이 서성이는
딜란타의 시린 발

블랙 스완

호주 남부에서 흑조가 발견되면서 백조만 있다는
고정관념은 한 세기만에 깨졌다

백조에 섞여 있어도
백조가 아닌 백조

무리 속에 섞이려 해도
체구와 울음소리가 달라
따돌림을 당한 숱한 날
파라마타의 호숫가에 서서
눈물로 백조의 노래를 불렀다

새벽부터 밤늦도록
날갯짓을 하여도
무리에게로 다가설 수 없는
하얀 울타리들,

눈물이 깃털에 떨어져
검게 변해가는 저녁나절

몸이 차츰 흑조로 변해가며
백조의 울음소리가 났다

이름도 현미에서 샤론으로 변한
파라마타의 작은 블랙 스완.

바닷가 세관

사랑으로부터 징계를 받고
바닷가 세관으로 발령이 났다

등대도 없고
뱃고동소리조차 들리지 않는

한 남자의
검고 긴 뒷모습 같은
바닷가 세관

하루 두 번씩이나
세금을 받으러 오는 밀물에게
대기발령 중인 나는,

사랑에 대한 연체금을
보름치나 더 얹어주었다.

부석사 다원에 앉아

느티나무에 걸린 서해가
윤슬을 눈부시게 비벼대며
조각 섬을 쌓는 것을 보는 거지
멀리 간척지의 들판이
사계절로 경전을 바꿔가며
독경하는 소리를 듣는 거지
어쩌다 민가에서 운 닭 울음이
골바람을 타고 올라와
참선에 든 스님을 흔들어대도
합장으로 배웅해 보내는 걸 보는 거지
여전히 번뇌가 없다는 듯
천 년 고목도 가사장삼을 벗고 서 있는
구절양장의 산길
해거름을 지고 산문을 들어서는
학승의 깊은 눈동자로
탁발을 나갔다 돌아오는
바람을 내다보는 거지
바랑에 얹힌 세속의 그림자에서
내 냄새도 나는지
은근히 맡아보는 거지.

한 톨의 쌀들

어머니 말씀대로
나는 아직도 찰지지 못한
물 건너 온 안남미이죠
비빔밥으로 비벼도
그깟 나물에도 섞이지 않는
여리고 약해 빠진
물 건너 온 한 톨의 쌀이죠
어머니 한 번 드셔보세요
수저가 입에 닿을 즈음
당신이 강하게 불은 입김으로
사방에 흩어져 내린 그 쌀이지요
어머니의 입맛을 맞추기 위해
찹쌀을 섞어도
쉽게 바뀌지는 밥맛이 아니죠
물 건너 온 안남미라고 말할 때
나는 이미 물이 가득 찬 방에서
두고 온 물 쪽을 바라보는
날들이 많아지죠
고시까리, 아끼바리들도
물을 건너와서 제 근본으로

어머니의 사랑을 받듯이
근본 있는 나도,
어머니의 사랑을 받고 싶어요
어머니의 하루가 한 톨의 쌀이고
나의 하루하루도 한 톨의 쌀이니까요.

마지막 때밀이

그의 몸에서
바다 안개 냄새가 났다
밤새도록 서해를 건너와
잠을 뒤척이는 그의 몸을
덮어주던 안개
오목탕에는 안개가 자주 끼었다
손바닥에 굳은살이 박히고
어깨가 내려앉아도
안개는 그의 곁을 떠나지 않았다
그런 그가 오목탕을 떠나갔다
마지막 때밀이가 되어 떠나갔다
경광등이 돌아가며
요란하게 인사를 해도
바다냄새는 나지 않았다
조선족 한 씨의 고단한 신음소리만
고장 난 수도꼭지에서
떨어져 내리는 오목탕.

하버 브리지를 걸으며

하버 브리지를 걸으며
휘파람을 분다
오페라하우스의 지붕 모양처럼
입술을 빼물고 휘파람을 분다
하버 브리지를 걸으며
교각에 걸린 반달을 보다
밤바람을 따라 나선
검은 새떼를 쳐다본다
새들이 흘리고 간 플랫화이트*에서
당신 닮은 향기가 가볍게 난다
규칙적인 당신의 발걸음이
하버 브리지를 흔드는 밤
내 발끝에도 당신이 와 닿았는지
온몸이 여진처럼 자주 들썩거린다
헛딛는 걸음을 당신이 눈치챌까봐
휘파람을 애써 불지만
마른 바람만 떠도는 하버 브리지
반쯤 다가서도 반쯤이 남아있는,
당신 뒷모습만 윤슬 속에 묻어두는
반달 같은 하버 브리지.

* 플랫화이트 : 호주 사람들이 즐겨 먹는 커피.

미아 같은 너에게

열차표를 사는 너의 목소리가
길 잃은 아이의 울음처럼 들려왔어
미로로 얽힌 열차 시간과 좌석번호들이
너를 낯선 지역에다 내다버리고 올 것 같아
불안이 밀려오는 대합실
어깨에 멘 가방이 무거운지
열차표를 쥐고도 추스르는 너의 손을
꼭 잡아주고 싶었어
지나치는 많은 발걸음 중에
너의 발걸음도 뜻하지 않게
한국이라는 나라에 닿았을 뿐인데
너는 미아 같이 제자리서 맴돌고 있었어
승강장에서 플랫폼 끝을 내다보며
시계를 들여다보는 너의 눈에도
공손한 시간은 있는지
기적汽笛을 울리며 열차가 들어왔어
미로 같은 행선지에
미리 가 있는 기적奇蹟처럼,

나무의 날개

언젠가 한번쯤 들어본 흐느낌 같은
이 떨림은 어디서 오는 걸까

당신과 헤어져 돌아오는 길에서
처음 들었던 푸른 울음

발끝으로 힘이 잔뜩 쏠리게
활주로를 질주하는 비행기의 몸부림인 듯
모든 끝자락들이 바들, 바들거리는
이 떨림은 어디서 오는 걸까

몰래 숨어 들은 그늘아래서
나무를 올려다보면
풍욕을 즐기던 당신이
하늘로 돌아가는 선녀처럼
깃털 옷을 걸치고 서 있다

물고기의 비늘 같은 이파리가
길 잃은 바람에 들썩거릴 때마다
매미가 빠져나간 빈자리를 채우는

거대한 짐승의 지친 울음소리

푸른 깃털 사이에서
오래전 울었던 당신의 울음이
곱게 늙은 낙엽으로 쏟아지는
이 떨림은 어디서 오는 걸까

노크도 없이

노크도 없이
바람이 들어올 때

뒤따라 들어온
뚜이의 무거운 발걸음

통근버스가 뱉은
새벽별을 밟으며

실타래로 얽혀
잠이 든 아이들의 꿈길을

노크도 없이
또각또각 걸어가는

코가 헤진
뚜이의 구두 소리.

첫,

순간에 눈을 찔렸다
과녁을 스쳐간 화살이라 생각했다
눈길이 멈추고 동공이 점점 커졌다
정조준 사정거리에 들어 온 당신
가늠자를 통해 기차를 기다리는
당신을 훔쳐보았다
한 방의 첫눈으로 단칙점을 흐리는 당신
표적지에 당신을 단단히 붙여두고
사선에 엎드려 아픈 눈을 비볐다
탄선을 타고 날아가는 뜨거움
당신이 움직일 때마다 초점이 흐려져
탄점을 정확히 잡지 못했다
방아쇠를 당기는 손가락에
순간으로 와 닿은,
심장을 뒤흔드는 진동소리
가늠쇠에 앉아 있는 당신이
새처럼 파르르 떨었다.

맷돌포에서 울다

맷돌포에서 울다
달맞이꽃에게 들켰다
떨어지는 눈물방울마다
달맞이꽃이 들어 있었다
건너편 갯가의 꽃들도
별일이다 싶게 수근거렸다
사람의 울음이 대자보 같아서
멀리서도 금세 읽을 수 있는지
꽃들이 고개를 끄덕이며
바람에게도 사연을 전해주었다
어깨가 노랗게 들썩이다
꽃들의 위로에 진정이 되는 듯
한 박자 처진 음성으로
파도에 섞여 들었다
시를 잃은 시인의 눈에
육친을 잃은 사내의 가슴에
맷돌은 여전히 돌아가는지
눈물이 짜고 아픔도 짰다
맷돌을 품고 밀물이 들었지만
세상 밖으로 차오르지는 않았다

맷돌포에서 울다

바다가 돌리는 맷돌소리에
눈물이 꽃으로 떨어질 때마다
상여꾼들이 아버지의 묘를 다지는
달궁 노래가 들려왔다.

평택여자

그녀가 사라지고부터
시를 쓸 수가 없었다
추수가 끝난 들길에 버려진 가마니처럼
며칠 동안 제자리에 서 있었다
그루터기만 남은 논바닥에 찍힌
트랙터바퀴자국 같은 억센 균열이
그녀의 생생한 환영으로 보였다
허수아비가 먹다 뱉은
수런거리는 참새의 노래도
그녀의 행방을 몇 박자 놓치고는
입을 일찍 닫아버렸다
편두통을 앓는 그녀의 버릇처럼
가끔 고라니들이 머리를 흔들며
달밤을 가로질러 억새밭으로 숨어들었다
결코 시같이 만만치 않은 그녀
골이 진 산의 변덕스러운 그림자도
들이지 않은 정실 같은 그녀
그녀가 내 시를 가지고 사라졌다
코 끝에 묻은 들바람도 지우지 못한 채
빈 들녘을 떠돌고 있을 그녀

노을이 불은 입김이 들판을 타고 넘으면서
그녀를 어둠속으로 밀어 넣었다
들바람 같은 그녀가 빈 들녘 어디쯤에
내 시를 뿌려놓았는지
매달 초순이면 달이 시를 쓰듯
들판 위에다 한 획을 그어 놓았다.

간월도

출가를 하러 하늘로 돌아가는
새의 부리에 물린 달이
염주알 가장자리를 스치며 닦네

윤슬로 바다에 새긴
눈부신 경전을 읊고 또 읊네.

마지막 가이드

마지막 여행일정 일에
가이드가 새로 바뀌졌다
마지막 왕조가 있었다는
후에*로 가는 차편에서였다
사라진 왕조에서 온 역관처럼
능숙한 한국말로 마중하였다
마지막 왕조의 왕을 향해
알현하러 가는 마지막 길
한국인을 경계하는 조심스런 말투마다
입가의 주름도 조금씩 굳어졌다
마지막 왕조를 수없이 다녀왔을
그의 발길에도
마지막 한국이 있었을까
한국인의 눈치를 살피며
한국말을 하는 그에게도
베트남으로 돌아올 때
마지막으로 한 한국말이 있었을까
멍이 든 한국말을
마지막 왕조에 와서야
진상하는 가이드 찐.

* 후에 : 베트남 중부에 마지막 왕조가 있었던 지명.

애월,

물가로 달아나려는
달을 밟는다

밟힌 달이
뱀처럼 꿈틀거리며
검은 화산석 속으로
숨어든다

생채기가 돋기 시작한 사랑이
천애의 절벽에서
바다를 보며 앓는 곳,

아픔은 밤이 깊어갈수록
더 도지는지
달이 자꾸 부풀어 오른다

벼랑 끝에 몰린
어둠과 어둠 사이에서
달빛이 하얗게 울며
덧난 상처를 긁어대는
애월,

카페 고흐

오늘도 문이 닫힌 카페 앞을
쌓인 우편물로 서성거리네
며칠 째 끊긴 클래식 음악소리가
환청같이 흘러 다니는 길거리에서
그대의 안부를 묻네
신열이 나고 온몸이 무거워
입맛마저 잃어버린 그대의 소식을 듣네
간판불이 꺼진 카페 안을 들여다보다
빈 몸으로 돌아오는 발길에
그대의 궁금한 사연들이 밟히네
커피처럼 끓는 그대의 몸에서
예멘 모카 마타리 향기가 날아오네
문이 닫힌 카페 앞으로
호기심 많은 발길들이
오지랖 넓게 지나가는 아침
오늘도 뜬소문에 섞여 들려오는
밤새 앓았을 그대의 통증소리가
공과금같이 빈 카페 안에 가득 내리네
밀린 세금을 독촉하며 여전히 내리네.

달의 집

바다로 가는 길이 있었네
달의 집까지 갈 수 있는
물에 뜬 길,

오페라가 달빛을 타고 흐르면
윤슬의 떨림으로
울타리를 치는 바다

신호탄처럼 솟아올랐다가
차츰 집으로 돌아가는 달
물에 뜬 길이
찰방찰방 거리며 흔들렸네

밤바람을 쐬러 나온 상현달들이
옷을 벗고
바다 위에 떠 있었네

따개비 같은 맨몸으로
하얗게 누워 있었네.

때늦은 유산

아버지가 돌아가시고 이태 후에
아버지의 휴면계좌가 있다며
돈을 찾아가라는 전갈이 왔다
뜻하지 않은 잔돈 소식에
복권이 당첨된 것처럼
액수가 궁금하여 마냥 들뜨다
아버지가 말없이 남긴 유산을 받으러
농협을 불나게 찾아갔다
아버지의 출사금이 남아 있다며
전화를 건 농협 담당자가
정산하여 내어준 칠만 팔천 원
죽고 나서도 이월된 아버지의 흔적이
월별로 일기 같이 찍혀 있었다
1998.7.24. 교통수당 이만 사천 원
몇 번의 교통수당을 쓰지 않고
농약대금과 농자금 상환으로 조금씩
아버지는 덜어 냈을 것이다
앞당겨 쓴 계약재배금은
추수가 끝나자마자 만져보지도 못하고
그대로 조곡대금으로 넘어갔을 것이다

계속되는 아버지의 긴 연혁에
잉크로 얼룩진 아버지의 가난한 유산,
칠만 팔천 원.

산골散骨

당신과의 인연은 여기까지이다
그렇게 다짐하며 내려오는 내내
눈물에 치여 몇 번이나 발을 헛디뎠다
싸락눈처럼 흩어져
바람에 업힌 채 골짜기를 타고
아스라이 사라져 간 당신
손을 대면 댈수록 식지 않은
당신의 유분이 더 뜨듯해진다
그렇게라도 버텨달라는
막막한 절규는 머지않아
싸늘한 달빛에 젖어들어
응달로 잊혀 질 것이다
운 좋게도 다른 곳에서
당신을 또 만난다면
바람대로 바람이 되었는지
저승의 색깔은 어떤 빛인지
짓궂게 물어도 볼 것이다
산새울음에 가끔 섞여오는
이승에서의 마지막 해소소리
뒤돌아보면 끝없는 산등성인 채로

거대한 산이 된 당신
이른 겨울비가 발에 밟힌다
당신처럼,

환절통

당신 생각에
길을 지나쳤다

한 사랑이 떠나가고
한 계절이 다시 왔다

어쩌다 묻는 안부에
때늦은 답장만 보냈다

당신 생각에
지나쳐 온 길을

아프게, 오래도록
뒤돌아보았다.

해설

서정의 순수한 의무

김병호 문학평론가

서정의 순수한 의무

김병호 문학평론가

삶에 있어서 형식이 지니는 가치는, 삶을 창조하고 삶을 고양시키는 일종의 형식이 지니는 필연적 가치이며, 삶에 대한 상대적 가치라고 할 수 있다. 특히 삶이 어떤 분명한 것을 표현하려는 움직임을 포착하고 그것을 예술로 수용하려고 할 때, 삶의 형식은 삶을 절대적으로 표현하는 유일한 방식이 된다. 시에서 삶은 그 자체가 하나의 완결되면서 현실적 실체가 되고, 삶의 가능성 이상의 것이 된다. 시는 항상 삶의 다양한 가능성들을 하나의 형식으로 이뤄내면서, 삶의 절대적 도약을 타진하기 때문이다. 간혹 시는 삶의 위대한 역설의 형식이 되기도 한다. 다양한 방식의 삶은, 변하지 않는 영원성 속에서만 가치를 획득하고 그 속에서만 진정한 현실이 되는 것일까? 삶은 어떤 형식으로 실제 존재하는 것일까?

행위 속에서 혹은 삶의 수많은 변화 속에서, 삶의 본질을 유지하기란 쉽지 않다. 이때 시는 삶이 의도치 않은 유희를 벌이면서 보여주는 다양한 국면들을 '시'라는 형식 속에 담아내면서 삶의 심연을 명확히 짚어낸다. 이는 예술로서 시가 지닌 강력한 삶의 욕구이며, 시가 스스로 존재하려는 인간의 삶을 증명하는 하나의 형식이 되는 기회가 된다. 현실과 가능성, 유한과 무한, 형식과 삶이 어느 하나에서 다른 하나로 이르게되면서 도약을 시도하고, 각각에 대해 상대성을 갖추게 될 때, 시는 삶에서 실현 가능한 절대적인 것의 유일한 도약이 된다. 권혁재 시인은 이러한 삶의 양식적 비밀을 감각적으로 인지하고 있는 시인이다. 대립과 분리, 만남과 이별의 형식적 가교로서 '시'를 구축하고, 삶의 예술이 지닌 비극과 전망을 삶 전체의 맥락에서 구축하고자 하는 시적 모험에 서슴치 않는다. 이번 시집 『안경을 흘리다』 역시 인간의 실존적 관점에서 일방적 삶의 체계를 부정하고, 그것들을 어떻게 시적으로 양식화할 수 있는지에 대한 그만의 시적 탐색이라고 할 수 있다.

도착하지 않은 막내를 위해서 장작개비를 더 넣어야겠다고 바간이 말했다. 바람이 불 때마다 유리창으로 야자수가 손을 더 밀어 넣었다. 공동으로 쓰는 거실의 탁자 위에는 주인을 잃은 듯 분홍빛 루즈가 묻은 머그잔이 남아 있었다. 비가 오기 전에는 오겠지. 타올을 정리하던 비엔티엔이 말했다. 지나치는 차 소리에 현관문이 얼굴을 내밀 듯이 자주 달그락거렸다. 끓는 물을 호이안이 냄비에 덜어 가스렌지에 올렸다. 모두의 마음을 눈치 챘는지 물은 금세 끓어올랐다. 이제 라면을 넣어도 되지 않을까하는 촌부리의 말에 모두는 손사래를 치며 막내를 좀 더 기다려 보자고 하였다. 증발된 수증기가 유리창에 붙어 바깥 풍경을 차단했다. 어둠처럼 온 침묵. 모두의 바람은 끓는 물같이 비등하였지만 막내 씨엠립은 돌아오지 않았다. 체불된 임금을 받으려고 삼 일 동안 서성거린 씨엠립의 처지같이 모두 한 식구가 되어 제자리걸음을 하였다.

—「게스트 하우스」 전문

미얀마의 도시 바간, 라오스의 도시 비엔티엔, 베트남의 도시 호이안, 태국의 도시 촌부리와 캄보디아의 도시 싸엠립에서 온 사람들이 한 곳에 모여 지낸다. 자신의 이름을 지워버린 채 자신의 고향 이름이 대신 그들의 이름이 된다. '게스트 하우스'에 모여 사는 이들은 어두운 밤 허기를 달래기 위해 라면물을 끓이지만, 돌아오지 않는 씨엠립 걱정에 냄비 안에 라면을 차마 넣지 못한다. 이 작품은 극한 서정성을 바탕으로 시적 인물들과 현실과의 치열한 대결의 국면을 독자에게 보여준다. "지나치는 차 소리에 현관문이 얼굴을 내밀 듯이 자주 달그락거렸다."라는 표현이나 "모두의 마음을 눈치 챘는지 물은 금세 끓어올랐다."라는 언술은 서정을 바탕으로 사회현실에 대한 창작적 대응력이 어떻게 삶의 문제를 본격적으로 다뤄야 하는지를 알려주는 모범이 된다. "체불된 임금을 받으려고 삼 일 동안" 숙소에 돌아오지 못하는 씨엠립을 기다리는 풍경 안에는 문학적 현실주의의 일정한 친화성이 존재한다. 이국 땅에서 겪게되는 동질의 불안은 그들을 하나의 공동 감정체로 묶어내는데, 특히 이 작품은 권혁재의 시인으로서의 기량이 유감없이 드러난, 괄목할 만한 작품이라고 여겨진다.

하나하나 가려서 설명할 수 없는 여러 요소들이 작품 안에서 유기적 총체로 자리하고 있지만, 이 작품의 시적 성취로 무엇보다 풍경과 서정의 절묘한 조화라고 하겠다. “증발된 수증기가 유리창에 붙어 바깥 풍경을 차단했다. 어둠처럼 온 침묵. 모두의 바람은 끓는 물같이 비등하였”다는 시적 언술은 감정의 형상적 표현이 얼만큼 주효하게 작용하고 있는지를 잘 보여준다. 시인은 시의 전반에 흐르는 불안하고 비장한 정조를 실감나게 하는 근원이 바로 ‘게스트 하우스’임을 알려주면서, 21세기 한국사회에서 겪는 이주노동자의 현실을 강력하게 환기시켜내고 있다. 서정과 풍경의 효과적 융합에 바로 이 작품의 성패가 달려 있다고 한다면 이 작품이 지닌 시적 내포와 울림은 하나의 극점에 도달해 있다고 할 수 있다.

내일이 송끄란인데
파차라판,
올해도 너는 오질 않네
달이 부엌 쪽문으로 드나들며
네가 좋아하는 쏨땀을 만드네
내일이면 송끄란인데
바닥을 닦고 마당을 쓰는
너의 여전한 모습이
골목어귀에 늘어선
검은 나무의 그림자로 서 있네

쏨땀을 만들 때마다
한국이라는 나라에서 들려오는
배고픈 너의 목소리
일 년만 버티다 돌아온다고
안심시킨 너의 말은 이 년을 넘어
다시 새로운 송끄란 해를 맞네
근심이 휑하니 들어앉은 자리에
희미하게 뜬 보름달이
울고 있는 집을 가려주고 있네
달도 우는지 점차 한국 쪽으로 기울며
어머니처럼 작아지네.

—「치앙마이의 달」 전문

'파차라판'은 고향인 태국을 떠나 한국에 돈을 벌러간 시적 인물이다. 일 년만 생활하다가 되돌아오겠다던 그는 어느새 이 년이 넘었는데도 오지 않는다. 새해의 복을 빌어주는 태국 전통 축제인 송끄란에, 고향의 어머니는 파차라판에 대한 근심과 그리움으로 가득차 있다. 이 작품은 외국 노동자에 대한 뻔하고 안이한 작품에서 벗어나 아름다운 서정시를 능가하는 수준이 이르고 있다. 이 작품에서 화자는 시의 의미와 정서의 함축이 활달하게 그려낸다. 물론 소품으로서의 한계도 지적할 수 있겠지만 이국으로 떠난 자식에 대한 어머니의 절실한 마음이 자연 풍경과 함께 질적 변용을 거치면서 시행에 스며들어 자연스러운 호흡으로 살아나고 있음은 눈여겨 읽어야 할 부분이다.

특히 "희미하게 뜬 보름달이/ 울고 있는 집을 가려주고 있네/ 달도 우는지 점차 한국 쪽으로 기울며/ 어머니처럼 작아지네"라는 서정적 언술은 이주노동자 가족의 마음을 전폭적으로 감지하며 서사적 확장과 시적 응축의 상승효과를 거둔다. 시인은 파차라판의 구구절절한 사연을 모두 드러내 연민을 강제하지 않으면서, 오히려 "희미하게" "작아지"는 보름달을 통해 개진과 은폐 사이의 긴장을 적절하게 구현하고 있다. '검은 나무의 그림자'와 '배고픈 너의 목소리'를 통한 그리움과 안타까움은 시적 응축에 밀착해서 긴장을 형성시킨다. 즉 하나의 사건이 변화하거나 발전하는 모습을 보여주기 보다는 절대적 단층으로서 풍경을 총체적으로 조망하려 하는 것이다. 이때 시인은 현실과의 치열한 대결이나 현실의 창조적 형상화 대신에 외국 땅에서의 삶과 고향에 남은 가족의 그리움을 통해 새삼 이주노동자의 삶을 새로운 각도에서 조명한다. 시인은 이렇게 풍부한 서정성을 바탕으로 현실의 단면을 제시하는데 능한 모습을 자주 보여준다. 어설픈 가치평가의 개입을 원천적으로 경계하면서 삶의 근거를 빼앗긴 이주노동자에 대한 진한 감명을 선사한다. 이것이 사건의 평면성을 극복하고 긴장을 유지하는 권혁재 시인만의 고유한 전략과 방식이라고 하겠다.

비행기에 탑승하고부터
나오기 시작한 한숨은
스리랑카공항에 착륙하고도
여전히 멈추지 않았다

아직도 지독한 화기火氣가 남아있는지
폐 속에서 뜨거운 공기가 빠져나왔다
입국심사를 하기 위해 여권을 펼쳐든
뭉드러진 여덟 손가락
두 엄지마저 한국에 묻고 온 시레세나
다시 자라날 것만 같은 손가락이
아내를 피해 더 오그라들었다
아내의 눈물자국마다 드러나는
굳은 용암 같은 시레세나의 화상들
손을 잡으면서도 기막혀 하는 아내가
불이 난 새벽에 달려온 구급차 소리로 울었다
자야와르의 시골집까지 걸어가면서
아내는 한 마디도 하지 않았다
눈에 익은 길인데도 몇 번이나 발을 헛디뎠다
참으로 어둡고 긴 밤길이었다.

—「귀향 1」 전문

한국에서의 사고로 손가락을 잃은 '시레세나'에 대한 서사는 서정시의 본질 안에서, 이주 노동자의 현실이 보여주는 비극적 인식과 전망의 부재를, 인고해야 하는 비애를 안고 있다. 마치 1980년대 박노해의 「손무덤」과 같은 이러한 정서가 마냥 새롭다고는 할 수 없다. 하지만 쟁점과 문제의 핵심은 그 너머에 있다. 시인은 서정시의 본질을 정서의 생생한 현실감에 두고 있는 듯 하다. 정서의 현실감은 '시레세나'의 한국 삶에 대한 압축적

제시에서 시작해 시골집을 찾아가는 "눈에 익은 길"에서 "몇 번이나 발을 헛"딛는 모습을 통해 극에 달한다.

문학의 다양한 장르 중에서 특히 시는 정서 혹은 감정의 표현과 밀착된 양식이다. 따라서 시의 국면에서 서정적 요소와 서사적 요소는 그저 정도의 차이이고 이 둘은 늘 삼투현상을 빚게 마련이다. 시인은 이때 무모하고 과장된 서정주의를 경계하면서도 '재현'보다는 오히려 '반영'에 무게 중심을 두게 된다. 시인은 '시레세나'의 삶과 그 아내의 마음에 스며들어 '시레세나'에 대한 특수성을 통해 형상화된 이주노동자의 보편적 현실을 드러낸다. 그에게 '시레세나'라는 시적 인물은 시인의 창의력이 작용한 결과일 수도 있고, 시인의 절대적 영향권에 있는 특별한 개인이지만, 이는 일종의 전형이라고 할 수 있다. 또한 "참으로 어둡고 긴 밤길이었다"는 마지막 시행은 시적 주체의 진실성이 진정한 삶과 긴밀히 관련되어 있음을 알려준다. '어둡고 긴 밤길'이 손가락 잘리고, 온몸에 화상을 입고 스리랑카로 돌아간 '시레세나'만의 길이었겠나. 시인은 내면 세계를 직설적으로 표현하지 않고 풍경을 매개로 한 비유적으로 표현에 주력하면서 사회현실의 문제에 순하면서도 강렬한 대응을 시도한다.

주머니를 털어 꺼낸
뚜이의 구겨진 삼만 동
착한 한국 사장님,
국밥 한 그릇 주세요
겁먹은 표정으로 말하는

뚜이의 목소리에서
물소의 울음소리가 들린다
애야, 육만 동이 더 있어야
국밥 한 그릇 값이 된단다
착한 사장님, 그래도
국밥 한 그릇만 주세요
돈 벌러 한국 갔다
프레스에 손목이 잘리고
돌아온 아버지가
저래도 한국, 음식이 좋은지
순대국밥을 찾아요
순댓국을 먹으면 아버지의 손목이
한국을 용서해 준만큼
어쩌면 조금씩 돋아날지도 몰라요
착한 사장님, 여북하면 아버지가
손목을 자른 한국을 잊지 못하고
순댓국이 먹고 싶다 하겠어요
뚜이의 애틋한 눈망울 속으로
순댓국물이 펄펄 끓으며
어룽거리는 하노이의 순대 국밥집.

—「하노이의 순대 국밥집」 전문

스리랑카의 '시레세나'는 베트남 하노이에도 있다. 언뜻 김종삼의 「장편掌篇 2」가 떠오르기도 하는 작품이다. 이주노동자로 한국에 갔다가 손목을 잃은 아버지가 “손목을 자른 한국을 잊지 못하고/ 순댓국이 먹고 싶다”고 하자, 그의 딸 ‘뚜이’가 하노이 순대 국밥집에 와 순댓국을 사정하고 있다. 시적 자아에 과중한 비중을 부여할 필요는 없다. 다만 시인의 온갖 쇄사에 걸러지고 감수성 혹은 세계관으로 집약되는 이 풍경은 시인의 삶에서 자연스럽게 우러나온 시적 주체가 아니라면 작위성을 노출할 수밖에 없는 장면이 된다. 신분의 차원을 넘어 시적 주체의 진실성을 확보하면서 시인은, 시적 주체를 온전히 감당해내고자 하는 자세를 취한다.

한국 사장님 앞에서 겁에 질린 표정으로 국밥 한 그릇을 사정하는 “뚜이의 애틋한 눈망울”은 시적 화자와 세계 현실 사이의 긴장관계를 보여주는 하나의 단면이다. 시인은 시적 주체인 ‘뚜이’가 지닌 주관성이나 정서의 일방적 통행을 허용하지 않고 철저하게 현실에 대한 창작적 대응으로 ‘뚜이’와 그의 아버지가 맞서고 있는 피폐한 현실을 보여준다. 따라서 ‘뚜이’를 시적 주체로 전면에 부각시키기 보다는 진퇴의 정도를 조절하면서 세계현실과의 상관관계를 형성한다. 이러한 상관 관계에서 형성된 긴장은 시구에 배어 있는 호흡이나 기운으로 뿜어져 나오기 마련인데, “순댓국을 먹으면 아버지의 손목이”, 아버지가 “한국을 용서해 준만큼” “돋아날지도 몰라요”라고 말하는 ‘뚜이’는 시적 주체로서 자신의 배역을 완벽하게 소화해낸다. 즉 현실과의 상관관계를 더욱 긴밀하게 형성해내는 힘을 보여주는 것이다. 이때 시인은 ‘뚜이’의 호흡을 급박하게 하거나 세차게 이끌지 않고, 오히려 현실에 대해 은근하면서 간절하게 대응하게 함으로

써, 시의 주제적 효과를 배가시키는 전략을 구사한다. 바로 이러한 점이 권혁재 시인의 시적 가능성의 근거라고 할 수 있겠다.

탄부들이 고래 폐 속을 떠돌다왔는지
먹빛 바다냄새가 났다
폐광을 알리는 동그라미 친 날짜 밑에
앞날이 걱정된다고 누군가가 써놓은
삐뚤삐뚤한 글씨체
조합사무실 난로에 얹힌 늙은 주전자도
불안한 듯 입을 닫아 버렸다
커피 잔에 석탄가루를 타서 돌리던
서울옥 막내 박양은 고향으로 돌아가고
막장을 나와서 장화의 탄가루를 털며
안도의 한숨을 이제는 쉬지 않아도 되리
탄부가 캐낸 막막한 하소연들이
세화장을 메아리로 울릴 때마다
절망 같은 빛으로 흩어져 내리는 석탄먼지들
광부도 사람이라는 절박한 외침이
막장에서 갱도를 타고 올라와
착암기소리로 저탄더미를 쑤셔댔다.
경월소주 한 잔에 서로의 어깨를 다독이며
손에 익은 채탄 장비를 정리하는
길고 긴 침묵의 폐광 하루 전
탄내가 배인 작업복에 얼룩진 눈물이

마지막 탄차를 타고 떠나갔다
대처로 향해 떠나가는 사북의 물살들도
뒤도 돌아보지 않고 끝없이 흘러갔다
마땅히 갈 곳이 없는 주민들만 남겨둔 채
이미 타인이 된 눈물들이 까맣게 떠나갔다.

—「눈물이 떠나갔다」 전문

시집 전편에서 시인의 시선이 이주노동자에게만 한정되어 있는 것은 아니다. 권혁재 시인은 폐광을 하루 앞둔 사북 탄부들의 모습도 놓치지 않는다. 썰렁한 조합사무실의 풍경과 함께, 주변 인물들의 모습, 그리고 내일이면 추억이 되어버릴 탄광의 풍경 속에서 "마땅히 갈 곳이 없는 주민들만" 남아있는 모습을 그려낸다. 이때 시인은 현실에 대한 반응을 직접적으로 표출하지는 않는다. 작품 속에서 시인은 화자의 차원으로 물러나 시적 대상에 대한 서사적 거리를 충분히 유지하며 이들의 당대적 현실을 그려내는데 집중하는 모습이다. 이는 이주노동자의 현실과 삶을 그려낼 때와 동일하게 구사되는 전략인데, 독자는 행간에 감추어져 있는 막막한 현실에 대한 깊은 슬픔이나 시적 주체의 열망을 어렵지 않게 감지할 수 있다. 시적 주체와 시적 대상 사이의 길항작용으로 주체가 한걸음 물러섬으로써 오히려 대상으로서의 세계를 시의 중심으로 효과적으로 이끌어내고 있음을 알 수 있다.

"경월소주 한 잔"과 "탄내가 배인 작업복"을 통해 구체적 실감으로 그려내는 풍경은 시적 주체의 정서나 사유 혹은 행위를 드러내기 보다는 앞길이 막막한 폐광촌의 삶을 더욱 간명하게 응축하고 생략한다. 낙관적 현실을 허용하지 않는 현실의 암울함을 비관적 정조로 다스리면서 최대한 객관적으로 형성화하기 위한 미학적 장치로 활용되고 있는 것이다. 이러한 류의 작품을 통해 알 수 있듯이 권혁재 시인은, 시적 주체를 전면에 부각시키는 것이 아니라 한껏 뒤로 물리고, 풍경을 통해 심화된 현실을 그려내는 최적의 효과를 이끌어 내는데 아주 능숙해 보인다.

그녀가 사라지고부터
시를 쓸 수가 없었다
추수가 끝난 들길에 버려진 가마니처럼
며칠 동안 제자리에 서 있었다
그루터기만 남은 논바닥에 찍힌
트랙터바퀴자국 같은 억센 균열이
그녀의 생생한 환영으로 보였다
허수아비가 먹다 뱉은
수런거리는 참새의 노래도
그녀의 행방을 몇 박자 놓치고는
입을 일찍 닫아버렸다
편두통을 앓는 그녀의 버릇처럼
가끔 고라니들이 머리를 흔들며
달밤을 가로질러 억새밭으로 숨어들었다
결코 시같이 만만치 않은 그녀
골이 진 산의 변덕스러운 그림자도

들이지 않은 정실 같은 그녀
그녀가 내 시를 가지고 사라졌다
코 끝에 묻은 들바람도 지우지 못한 채
빈 들녘을 떠돌고 있을 그녀
노을이 붉은 입김이 들판을 타고 넘으면서
그녀를 어둠속으로 밀어 넣었다
들바람 같은 그녀가 빈 들녘 어디쯤에
내 시를 뿌려놓았는지
매달 초순이면 달이 시를 쓰듯
들판 위에다 한 획을 그어 놓았다.

—「평택여자」 전문

'평택여자'는 누구일까. 화자는 그녀를 "결코 시같이 만만치 않"았다고 하면서 "그녀가 내 시를 가지고 사라졌다"고 고백한다. '평택여자'는 화자의 뮤즈muse였을까. 시인이 그려내는 비극성이 이번 시집에서 그다지 새삼스러운 일은 아니지만, 시적 화자와 시인이 동일시되는 이 작품에서는 다소 특별해 보이기도 한다. 삶의 무게와 진실을 찾기 위한 열망에서 오는 좌절의 상징이 '평택여자'이기 때문이다. 시인은 시를 통해 현실의 척박함과 비극성을 넘어서야 하는데, 그녀가 떠나고 시적 화자는 현실과 화해하지 못한 채 스스로의 갈등만을 그리게 된다. 물론 이러한 내면의 풍경도 상투화된 시적 인식일 수 있다. 이때 그의 서정은 매우 평범해보이고, 소박하거나 평면적으로 보이는 이 작품에서 서정화된 개체들은, 전통적 격식에 의해 안배되어 있다는 느낌마저 든다. 이러한 평면성은, 화자가 상실에 대한 비극성과 갈등이 은폐되어 있기를 희망하고 있기에 당연한 결과일지도 모른다. 그러나 좀 더 행간을 살펴보면 화자가 이 비극성을 가리기 위해 펴놓은 방어의 그물을 뚫고 그 속에 숨겨있는 아픔들을 보여주는 위장된 아름다움이 있다. "들바람 같은 그녀가 빈 들녘 어디쯤에/ 내 시를 뿌려놓았는지/ 매달 초순이면 달이 시를 쓰듯/ 들판 위에다 한 획을 그어 놓았다"는 시적 언술이 바로 그렇다. 위장된 내면에 존재하는 진정한 열망과 아픔은 이렇게 하나의 풍경화처럼 드러난다. 화자는 그의 아픔과 슬픔을 애써 감추고 스스로 침잠하려 한다. 때문에 시인은 풍경 자체에 역점을 둔 것처럼 위장함으로써, 고통을 보편적 지평으로 넓히면서 존재론적 갈등을 훨씬 유리하게 표출할 수 있게 된다.

어머니 말씀대로
나는 아직도 찰지지 못한
물 건너 온 안남미이죠
비빔밥으로 비벼도
그깟 나물에도 섞이지 않는
여리고 약해 빠진
물 건너 온 한 톨의 쌀이죠
어머니 한 번 드셔보세요
수저가 입에 닿을 즈음
당신이 강하게 불은 입김으로
사방에 흩어져 내린 그 쌀이지요

어머니의 입맛을 맞추기 위해
찹쌀을 섞어도
쉽게 바뀌지는 밥맛이 아니죠
물 건너 온 안남미라고 말할 때
나는 이미 물이 가득 찬 방에서
두고 온 물 쪽을 바라보는
날들이 많아지죠
고시까리, 아끼바리들도
물을 건너와서 제 근본으로
어머니의 사랑을 받듯이
근본 있는 나도,
어머니의 사랑을 받고 싶어요
어머니의 하루가 한 톨의 쌀이고
나의 하루하루도 한 톨의 쌀이니까요.

—「한 톨의 쌀들」 전문

사람이 세상을 살아가는 방식에는 여러 가지가 있지만, 시인의 시에는 그것들을 '세계와 자아의 대결' 한마디로 요약할 수 있다. 세계와의 갈등이 깊고 치열할수록 시의 깊이와 울림도 진해지기 때문이다. 「평택여자」에서 상실을 이야기하던 시인은 이 작품에서 사랑과 생명을 이야기한다. 상처와 절망을 시로 극복하고자 하는 시인의 열망을 펼쳐내고 있다. 안남미는 베트남 등 동남아시아에서 주식으로 먹는 쌀로, 밥맛은 좋지만 우리 쌀에 비해 찰기가 없어서 입으로 불면 날아갈 정도다. 하지만 이 안남미는 일본에서 건너와 한국화가 되어버린 '고시까리'나 '아끼바리'를 부러워한다. 새로운 터전에 안착하고 싶은 안남미는 단순히 하나의 사물이 아니라, 이주한 삶의 고통 저 밑바닥에서 울려 나오는 깊은 울림인 동시에 울림 안쪽의 여운을 울림 밖으로 토해내는 절절함이다.

시적 화자는 집단의 다수성 속에서 자아를 잃고 모호하게 살아가는 것이 아니라 사회의 한 구성원으로 자리매김됨으로써 그 존재가치를 인정받고 싶어한다. 아무도 깊이 삶을 직시하지 않으려 하고 삶의 아픔을 감싸려하지 않는 현실에서 '나'는 근본을 인정받고 사랑을 받고 싶어한다. 생명을 내재한 "한 톨의 쌀"이고 싶어한다. '나'는 시대와 현실과의 불화 속에서 더이상 외롭고 고독해지기를 바라지 않는다. 이는 단순히 우리 시대의 이주노동자들에게만 한정된 것이 아니라 현재를 살아가는 우리 모두가, 다다르고자 하는 열망의 저편이라고 할 수 있다. 시인은 저편의 꿈을 위해 이 척박한 현실에서 사랑을 갈구하게 된다. 현실을 초극한 삶에의 꿈이 시인이 바라는 '사랑'이 아닐까, 하는 추측이 충분히 가능해진다.

여지껏 살펴본 권혁재 시인의 작품들은 일시적인 의욕이나 순간적인 재주로 쓰여지지 않았다. 그의 시 안에는 시인으로서의 권혁재가 있고, 그의 시는 이주노동자의 현실에 대한 일반론에 머무는 것이 아니라 구체적 작품으로서의 생산성을 확보하고 있다. 그의 시들이 작위가 아니고 대상에 대한 애정과 연민을 통해 자연스럽게 우러나온 것이라는 점에서 시적 주체의 설정은 언제나 자연스럽게 느껴진다. 특히 시적 주체의 진실성이라는 면에서도 별다른 거부감을 유발하지 않는데, 이는 권혁재 시인의 육성이 시적 진실을 제대로 감당해내고 있기 때문일 것이다.

우리가 살아내는, 삶과 삶 사이에 본질적 차이가 있다면 그것은 어떤 삶이 절대적인 삶이며, 어떤 삶이 상대적인 삶인가 하는 지점에서 발생하게 된다. 서로 배타적 대립들이 날카롭게 놓여있거나 서로 분리되어 있을 때 삶의 모든 문제는, 이것과 함께 저것에 관여하고 아우르는 형식을 취할 수밖에 없다. 이때 시인은 가장 순수한 시적 원칙에 따라 모든 길과 모든 갈림길 끝까지를 가봐야 하는 의무를 수행하게 된다. 시인은 사람들이 쉽게 발견해내지 못하는 첨예한 대립과 분리의 국면을 밝히고, 이것들이 서로 어울려 변화를 거듭하도록 돕는다. 이러한 변화는 한번에 그치는 일이 아니며 끊임없이 동요하는 삶의 이행점들 속에 시를 통해 고정점을 설정하는 일이 된다.

권혁재 시인의 시집『안경을 흘리다』는 인간의 실존적 관점에서 이주노동자의 삶을 서정적 풍경과 능숙하게 결합시키고 있다. 시인은 삶의 확실성이 상실된 시대에서 고난으로부터 도피하거나 혹은 도피를 통해 삶을 견디어 낼 수 있는 것이 아님을 누구보다 잘 알고 있다. 그래서 시인은, 삶을 삶으로 만드는 것이 무엇인가를 하는 궁리를 멈추지 않으며, 윤곽이 없는 몸짓으로 삶을 그려낸다. 그는 가공되지 않은 질료로서의 삶과 각각의 고유한 가치로서의 삶에 대한 필연성을 인식한다. 그리고 외국의 이주노동자나 우리 사회의 변두리적 삶을 통해, 인간적인 것을 초월하는 사랑과 삶의 전망을 치열하게 확인하려 한다. 이러한 모습과 자세가 바로 권혁재의 시가 우리 시대 서정시의 시적 모범으로 받아들여지는 중요한 이유이며, 우리가 앞으로 그의 행보를 주목해야 하는 이유이기도 하다.

권혁재 시집

안경을 흘리다

발　　행　2018년 6월 10일
지 은 이　권혁재
펴 낸 이　반송림
편집디자인　김지호
펴 낸 곳　도서출판 지혜
　　　　　계간시전문지 애지
기획위원　반경환 이형권 황정산
주　　소　34624 대전광역시 동구 선화로 203-1, 2층 도서출판 지혜 (삼성동)
전　　화　042-625-1140
팩　　스　042-627-1140
전자우편　ejisarang@hanmail.net
애지카페　cafe.daum.net/ejiliterature

ISBN : 979-11-5728-279-1 03810
값 10,000원

권혁재

권혁재 시인은 경기도 평택에서 태어났고, 2004년 《서울신문》 신춘문예로 등단했다. 시집으로는『투명 인간』,『잠의 나이테』,『아침이 오기 전에』,『귀족노동자』,『고흐의 사람들』이 있고, 2009년 '단국대학교문학상'을 수상했다. 권혁재 시인의 여섯 번째 시집인『안경을 흘리다』는 '이백만 이주노동자들'에게 바친 시집이며, 인간의 실존적 관점에서 이주노동자의 삶을 서정적 풍경과 능숙하게 결합시키고 있다. 티앤이 흘리고 간 보랏빛 안경, 이 안경은 노동력 착취와 성적 착취와 함께, 이주노동자의 미래를 착취한 범죄의 증거라고 할 수가 있다.『안경을 흘리다』는 '이백만 이주노동자도 인간이다'라는 권혁재 시인의 너무나도 인간적인 양심의 소리라고 할 수가 있다.

이메일 : doctor-khj@hanmail.net